The Boy, the Rabbit, and the Star And Other Bilingual Portuguese-English Stories for Kids

Pomme Bilingual

Published by Pomme Bilingual, 2024.

THE BOY, THE RABBIT, AND THE STAR AND OTHER BILINGUAL PORTUGUESE-ENGLISH STORIES FOR KIDS

First edition. August 12, 2024.

Copyright © 2024 Pomme Bilingual.

ISBN: 979-8227343871

Written by Pomme Bilingual.

Table of Contents

O Menino, o Coelho e a Estrela...1

The Boy, the Rabbit, and the Star...5

O Menino, a Borboleta e o Jardim de Sonhos 9

The Boy, the Butterfly, and the Garden of Dreams....................13

A Menina, o Gato e o Caminho de Luz.......................................17

The Girl, the Cat, and the Path of Light.....................................23

O Menino, o Cão e o Barco de Papel...29

The Boy, the Dog, and the Paper Boat 35

A Menina, o Coelho e a Montanha do Silêncio 39

The Girl, the Rabbit, and the Mountain of Silence 45

A Árvore dos Segredos..51

The Tree of Secrets..57

O Menino, o Coelho e a Estrela

Em uma noite tranquila e iluminada pela lua, um menino chamado Lucas saiu de sua casa para admirar as estrelas. Ele tinha algo especial em seu coração: um desejo de entender o universo e todos os seus segredos. Enquanto caminhava pelo campo, seus pés descalços sentindo o toque suave da grama, Lucas encontrou um coelho branco, de olhos curiosos e pelo macio como nuvem.

"Você está procurando por algo?" perguntou o coelho, sua voz era calma como o sussurro do vento.

"Estou," respondeu Lucas, ajoelhando-se para ficar mais perto do pequeno animal. "Estou procurando por respostas. As estrelas parecem tão distantes, e eu quero saber se elas também têm sonhos e segredos."

O coelho inclinou a cabeça e olhou para o céu. "As estrelas brilham porque têm histórias para contar. E se você escutar com o coração, elas podem te contar segredos que ninguém mais conhece."

Lucas olhou para cima, seu coração batendo mais rápido. "Como posso ouvir essas histórias?"

"Você deve seguir a estrela mais brilhante," disse o coelho, apontando com sua patinha para uma estrela que cintilava intensamente no céu. "Ela te guiará até onde os sonhos nascem."

Sem hesitar, Lucas começou a seguir a luz da estrela, e o coelho o acompanhou. Eles caminharam por florestas silenciosas, cruzaram rios cristalinos e subiram colinas até que chegaram a um lugar onde a terra tocava o céu. Lá, a estrela brilhante parecia estar mais próxima, quase ao alcance das mãos.

"Estamos perto," disse o coelho, seus olhos refletindo a luz da estrela.

Lucas estendeu a mão, sentindo o calor suave da estrela em sua pele. "O que devo fazer agora?"

"Pergunte o que o seu coração deseja saber," respondeu o coelho, se acomodando ao lado de Lucas.

Lucas fechou os olhos e fez a pergunta que sempre guardara em seu coração: "As estrelas têm sonhos, assim como nós?"

A estrela piscou suavemente, como se estivesse pensando na resposta. Então, uma voz suave e serena ecoou na mente de Lucas. "Sim, temos sonhos, e eles são feitos dos desejos de todos aqueles que nos observam. Sonhamos com a felicidade dos corações humanos, com a paz na terra e com o amor que une tudo o que existe."

Lucas sentiu uma onda de paz invadir seu ser. Ele abriu os olhos e viu que o céu estava mais claro, e a estrela parecia sorrir para ele.

"O que devo fazer com esse conhecimento?" perguntou Lucas.

"O que o seu coração te guiar a fazer," respondeu a estrela. "Lembre-se, menino, que você também é uma estrela para aqueles que te amam. Brilhe com gentileza, espalhe a luz do seu coração e ajude os outros a encontrar seus próprios caminhos.”

Lucas sorriu e olhou para o coelho, que o observava com carinho. “Obrigado,” disse ele, tanto para a estrela quanto para o coelho.

“Agora, é hora de voltar para casa,” disse o coelho. “Mas lembre-se, você sempre poderá encontrar as respostas se seguir a luz do seu coração.”

Com isso, Lucas e o coelho caminharam juntos de volta para casa, e a estrela continuou a brilhar no céu, guiando outros corações curiosos na escuridão da noite.

The Boy, the Rabbit, and the Star

On a peaceful, moonlit night, a boy named Lucas left his house to admire the stars. He had something special in his heart: a desire to understand the universe and all its secrets. As he walked through the field, his bare feet feeling the soft touch of the grass, Lucas met a white rabbit with curious eyes and fur as soft as a cloud.

"Are you searching for something?" asked the rabbit, its voice as calm as a whispering wind.

"I am," replied Lucas, kneeling to be closer to the small animal. "I'm searching for answers. The stars seem so distant, and I want to know if they too have dreams and secrets."

The rabbit tilted its head and looked up at the sky. "The stars shine because they have stories to tell. And if you listen with your heart, they can share secrets no one else knows."

Lucas looked up, his heart beating faster. "How can I hear these stories?"

"You must follow the brightest star," said the rabbit, pointing with its little paw to a star that twinkled intensely in the sky. "It will guide you to where dreams are born."

Without hesitation, Lucas began to follow the star's light, and the rabbit accompanied him. They walked through silent forests, crossed crystal-clear rivers, and climbed hills until they reached a place where the earth touched the sky. There, the bright star seemed closer, almost within reach.

"We're near," said the rabbit, its eyes reflecting the star's light.

Lucas reached out, feeling the star's gentle warmth on his skin. "What should I do now?"

"Ask what your heart wishes to know," replied the rabbit, settling beside Lucas.

Lucas closed his eyes and asked the question he had always kept in his heart: "Do the stars have dreams, just like us?"

The star twinkled softly, as if pondering the answer. Then, a gentle, serene voice echoed in Lucas's mind. "Yes, we have dreams, and they are made of the wishes of all who gaze upon us. We dream of the happiness of human hearts, of peace on earth, and of the love that binds all things together."

Lucas felt a wave of peace wash over him. He opened his eyes and saw that the sky was clearer, and the star seemed to smile at him.

"What should I do with this knowledge?" asked Lucas.

"Whatever your heart guides you to do," the star replied. "Remember, little boy, that you too are a star to those who love you. Shine with kindness, spread the light of your heart, and help others find their own paths."

Lucas smiled and looked at the rabbit, who watched him with affection. "Thank you," he said, both to the star and the rabbit.

"Now it's time to go home," said the rabbit. "But remember, you can always find answers if you follow the light of your heart."

With that, Lucas and the rabbit walked home together, and the star continued to shine in the sky, guiding other curious hearts through the night's darkness.

O Menino, a Borboleta e o Jardim de Sonhos

No coração de uma pequena aldeia, cercada por colinas verdejantes e rios de águas claras, vivia um menino chamado Pedro. Ele era um menino sonhador, sempre com os olhos voltados para o céu e o coração cheio de perguntas. Pedro gostava de explorar os arredores de sua casa, especialmente um jardim escondido atrás de uma antiga cerca de madeira. O jardim era seu refúgio, um lugar onde ele podia ficar sozinho com seus pensamentos e seus sonhos.

Uma tarde, enquanto caminhava pelo jardim, Pedro avistou uma borboleta dourada. Ela parecia diferente de todas as outras que ele já tinha visto, com asas que brilhavam como se fossem feitas de luz do sol. Intrigado, Pedro estendeu a mão para a borboleta, que pousou delicadamente em seu dedo.

"Você parece estar procurando por algo," disse a borboleta, sua voz suave como o sussurro das folhas ao vento.

Pedro sorriu. "Sim, estou. Procuro entender o que são os sonhos. Às vezes, tenho sonhos tão bonitos, mas eles desaparecem quando acordo. Gostaria de saber se posso guardar esses sonhos para sempre."

A borboleta inclinou levemente a cabeça, como se estivesse ponderando a pergunta de Pedro. "Os sonhos são como sementes," disse ela. "Eles precisam de um lugar especial para crescer e florescer. Se você cuidar bem deles, podem se tornar algo real e maravilhoso."

"Mas como faço para cuidar dos meus sonhos?" perguntou Pedro, curioso.

"Venha comigo," disse a borboleta, batendo as asas suavemente. "Vou te mostrar o Jardim de Sonhos."

Pedro seguiu a borboleta através do jardim. A cada passo, o ambiente ao seu redor parecia se transformar. As flores se tornavam mais vibrantes, os sons mais melodiosos, e o ar mais leve, carregado de uma fragrância doce e revigorante. Finalmente, chegaram a um portão de pedra coberto de musgo, que se abriu lentamente com um rangido suave.

Do outro lado do portão, Pedro encontrou o Jardim de Sonhos. Era um lugar mágico, onde árvores enormes tocavam o céu e flores de todas as cores imagináveis brilhavam como estrelas. No centro do jardim havia um lago de águas cristalinas, refletindo o céu como um espelho perfeito.

"Este é o Jardim de Sonhos," disse a borboleta, pousando no ombro de Pedro. "Aqui, todos os sonhos do mundo têm a chance de crescer. Cada flor que você vê aqui começou como um sonho no coração de alguém."

Pedro caminhou pelo jardim, maravilhado com a beleza e a paz do lugar. Ele se aproximou de uma flor de pétalas douradas que irradiava uma luz suave. "Que flor é esta?" perguntou ele.

"Essa flor é o sonho de uma criança que desejava que todas as pessoas do mundo fossem felizes," explicou a borboleta. "Quando você cuida de um sonho com amor e esperança, ele floresce e se torna parte deste jardim."

Pedro sentiu uma onda de inspiração em seu coração. Ele se ajoelhou ao lado do lago e fechou os olhos. "Quero plantar meus sonhos aqui," sussurrou ele, sentindo a terra macia sob suas mãos. "Quero que eles cresçam fortes e façam o mundo um lugar melhor."

A borboleta sorriu. "Tudo que você precisa fazer é cuidar deles com gentileza e paciência. E lembre-se, os sonhos são como estrelas; mesmo quando não podemos vê-los, eles estão sempre lá, esperando para brilhar."

Pedro passou horas no Jardim de Sonhos, plantando suas esperanças e desejos. Ele sabia que cada sonho era uma semente preciosa que, com o tempo e o cuidado certo, se transformaria em algo belo e eterno.

Quando finalmente se levantou para partir, a borboleta dourada voou ao seu lado até o portão. "Agora você sabe onde seus sonhos podem florescer," disse ela. "Sempre que precisar de inspiração ou esperança, volte ao Jardim de Sonhos. Ele sempre estará aqui, dentro de você."

Pedro agradeceu à borboleta e se despediu. Enquanto voltava para casa, sentiu-se mais leve, como se tivesse descoberto um segredo antigo e valioso. Ele sabia que, a partir daquele dia, sempre que fechasse os olhos e sonhasse, estaria plantando sementes que um dia se tornariam flores no Jardim de Sonhos.

E assim, Pedro continuou a sonhar, com o coração cheio de esperança e os olhos voltados para o futuro. Ele sabia que, com amor e cuidado, seus sonhos poderiam fazer do mundo um lugar mais brilhante e feliz.

The Boy, the Butterfly, and the Garden of Dreams

In the heart of a small village, surrounded by green hills and clear rivers, lived a boy named Pedro. He was a dreamer, always with his eyes turned to the sky and his heart full of questions. Pedro loved to explore the surroundings of his house, especially a garden hidden behind an old wooden fence. The garden was his refuge, a place where he could be alone with his thoughts and dreams.

One afternoon, while walking through the garden, Pedro spotted a golden butterfly. It looked different from any other he had ever seen, with wings that shimmered as if made of sunlight. Intrigued, Pedro held out his hand to the butterfly, which delicately landed on his finger.

"You seem to be looking for something," said the butterfly, its voice as soft as the whisper of leaves in the wind.

Pedro smiled. "Yes, I am. I'm trying to understand what dreams are. Sometimes, I have such beautiful dreams, but they disappear when I wake up. I wish I could keep those dreams forever."

The butterfly tilted its head slightly, as if pondering Pedro's question. "Dreams are like seeds," it said. "They need a special place to grow and flourish. If you take good care of them, they can become something real and wonderful."

"But how do I take care of my dreams?" Pedro asked, curious.

"Come with me," said the butterfly, flapping its wings gently. "I will show you the Garden of Dreams."

Pedro followed the butterfly through the garden. With each step, the environment around him seemed to transform. The flowers became more vibrant, the sounds more melodious, and the air lighter, filled with a sweet and refreshing fragrance. Finally, they arrived at a moss-covered stone gate that slowly opened with a soft creak.

On the other side of the gate, Pedro found the Garden of Dreams. It was a magical place, where giant trees touched the sky and flowers of every imaginable color glowed like stars. In the center of the garden was a crystal-clear lake, reflecting the sky like a perfect mirror.

"This is the Garden of Dreams," said the butterfly, landing on Pedro's shoulder. "Here, all the dreams in the world have a chance to grow. Every flower you see here began as a dream in someone's heart."

Pedro walked through the garden, amazed by the beauty and peace of the place. He approached a golden-petaled flower that radiated a soft light. "What flower is this?" he asked.

"That flower is the dream of a child who wished for everyone in the world to be happy," the butterfly explained. "When you nurture a dream with love and hope, it blossoms and becomes part of this garden."

Pedro felt a wave of inspiration in his heart. He knelt by the lake and closed his eyes. "I want to plant my dreams here," he whispered, feeling the soft earth beneath his hands. "I want them to grow strong and make the world a better place."

The butterfly smiled. "All you need to do is care for them with kindness and patience. And remember, dreams are like stars; even when we can't see them, they are always there, waiting to shine."

Pedro spent hours in the Garden of Dreams, planting his hopes and wishes. He knew that each dream was a precious seed that, with time and the right care, would turn into something beautiful and everlasting.

When he finally rose to leave, the golden butterfly flew beside him to the gate. "Now you know where your dreams can flourish," it said. "Whenever you need inspiration or hope, return to the Garden of Dreams. It will always be here, within you."

Pedro thanked the butterfly and said goodbye. As he walked back home, he felt lighter, as if he had discovered an ancient and valuable secret. He knew that from that day on, whenever he closed his eyes and dreamed, he would be planting seeds that would one day become flowers in the Garden of Dreams.

And so, Pedro continued to dream, with his heart full of hope and his eyes on the future. He knew that with love and care, his dreams could make the world a brighter and happier place.

A Menina, o Gato e o Caminho de Luz

———

Em uma pequena cidade rodeada por montanhas e florestas, havia uma menina chamada Sofia. Sofia era uma criança curiosa, sempre com um livro nas mãos e os olhos cheios de perguntas. Ela vivia com sua avó em uma casa acolhedora, onde as paredes eram decoradas com fotos antigas e lembranças de um tempo que Sofia não conhecia.

Todos os dias, após a escola, Sofia gostava de sentar-se sob uma grande árvore no jardim de sua casa e ler. A árvore era velha e robusta, com galhos que se estendiam como braços protetores. Ela tinha um balanço pendurado, onde Sofia frequentemente se sentava, balançando suavemente enquanto mergulhava em suas histórias favoritas.

Certo dia, enquanto lia um livro sobre estrelas e constelações, Sofia ouviu um miado suave. Ela levantou os olhos do livro e viu um gato sentado na grama, olhando para ela com grandes olhos verdes. Ele era um gato preto, de pelo brilhante e macio, e tinha uma expressão que parecia quase humana, cheia de sabedoria e mistério.

"Olá," disse Sofia, surpresa com a visita inesperada. "De onde você veio?"

O gato inclinou a cabeça e se aproximou lentamente. "Vim de um lugar onde os sonhos encontram a realidade," disse ele, sua voz era suave e melodiosa, como o som de uma brisa noturna. "Meu nome é Noite."

Sofia piscou, surpresa ao ouvir o gato falar. "Você pode falar?" perguntou ela, curiosa.

"Posso, mas apenas para aqueles que têm corações abertos e mentes cheias de imaginação," respondeu Noite, sentando-se ao lado dela. "E eu vejo que você é uma dessas pessoas."

Sofia sorriu, sentindo uma onda de calor em seu peito. "Eu sempre quis falar com os animais," confessou ela. "Mas como você consegue?"

"Existe um caminho que poucos conhecem," explicou Noite, com um olhar profundo. "É o Caminho de Luz. Ele conecta o mundo que você conhece com o mundo dos sonhos e da magia. É onde os desejos mais profundos se tornam realidade, e onde podemos falar com quem compartilha o mesmo amor pelo desconhecido."

Os olhos de Sofia se arregalaram de curiosidade. "Como posso encontrar esse caminho?"

Noite se levantou e começou a andar em direção à floresta, olhando para trás para ver se Sofia o seguiria. "Eu posso te mostrar," disse ele. "Mas você deve estar disposta a seguir a luz e confiar no seu coração."

Sem hesitar, Sofia se levantou e seguiu o gato em direção à floresta. Enquanto caminhavam, as árvores ao redor deles pareciam crescer e se entrelaçar, criando um túnel verdejante que os envolvia em uma sensação de paz e mistério. A luz do sol que atravessava as folhas criava padrões de luz e sombra no chão, guiando seus passos.

"Este é o começo do Caminho de Luz," explicou Noite enquanto andavam. "A cada passo que você dá, sua confiança no desconhecido e sua fé em seus sonhos crescem."

Conforme avançavam, Sofia notou que o ambiente ao seu redor estava mudando. As árvores altas começaram a abrir espaço para um campo iluminado por uma luz suave e dourada. No centro do campo, havia um caminho feito de pedras brilhantes, que parecia flutuar sobre o chão.

"Esse é o Caminho de Luz," disse Noite, apontando para o caminho à frente. "Apenas aqueles que têm coragem e um coração puro podem segui-lo. Ele leva até o lugar onde os sonhos e a realidade se encontram."

Sofia hesitou por um momento, olhando para o caminho brilhante diante dela. "O que encontrarei no final?" perguntou ela, um pouco nervosa, mas também ansiosa.

Noite a olhou com carinho. "Você encontrará o que seu coração mais deseja," disse ele. "Mas lembre-se, o que você encontra no final do Caminho de Luz depende de como você trilha o caminho. Se você andar com esperança e amor, encontrará alegria e realização. Mas se andar com medo e dúvida, encontrará desafios que precisarão ser superados."

Sofia respirou fundo e deu o primeiro passo no Caminho de Luz. As pedras sob seus pés eram suaves e quentes, e à medida que ela avançava, sentia uma sensação de leveza que nunca havia experimentado antes. Era como se cada passo a levasse mais perto de algo maravilhoso e mágico.

Noite caminhava ao lado dela, silencioso, mas presente, como um guardião de sua jornada. Enquanto seguiam pelo caminho, Sofia começou a ver formas e cores dançando ao seu redor, como se o ar estivesse cheio de estrelas que cintilavam e sussurravam segredos antigos.

"Essas são as estrelas dos sonhos," explicou Noite, notando a expressão maravilhada de Sofia. "Elas guiam aqueles que caminham com o coração aberto. Ouça-as, e elas te mostrarão o caminho."

Sofia fechou os olhos por um momento, concentrando-se nos sussurros ao seu redor. Ela ouviu vozes suaves, como uma melodia distante, e percebeu que as estrelas estavam contando histórias - histórias de pessoas que haviam seguido o Caminho de Luz antes dela, que haviam enfrentado desafios e encontrado a realização.

"Eu posso fazer isso," disse Sofia para si mesma, sentindo uma nova determinação crescer dentro dela. "Eu posso encontrar o que meu coração deseja."

Ela continuou a caminhar, e a cada passo, as estrelas pareciam brilhar mais intensamente, como se estivessem celebrando sua coragem. O caminho a levou através de campos de flores luminosas, rios que brilhavam como prata líquida, e florestas onde as árvores sussurravam palavras de encorajamento.

Finalmente, após o que pareceu uma eternidade e ao mesmo tempo um instante, Sofia chegou ao final do Caminho de Luz.

Diante dela estava um portal feito de pura luz, pulsando com uma energia serena e acolhedora.

"Este é o final da sua jornada," disse Noite, parando ao lado de Sofia. "Mas também é o começo de algo novo. Atravessando esse portal, você descobrirá o que seu coração mais deseja."

Sofia olhou para o portal, sentindo uma mistura de excitação e medo. Ela sabia que estava prestes a descobrir algo importante, algo que mudaria sua vida para sempre.

Com um último olhar para Noite, que a observava com um sorriso encorajador, Sofia deu o passo final e atravessou o portal.

Do outro lado, ela se encontrou em um lugar que era ao mesmo tempo familiar e desconhecido. Estava de volta ao jardim de sua casa, mas tudo parecia diferente. O céu estava mais azul, as flores mais vibrantes, e o ar estava cheio de uma sensação de promessa e esperança.

E então Sofia percebeu - o que seu coração mais desejava não era algo tangível ou distante. Era o poder de ver a beleza no mundo ao seu redor, de encontrar magia nas pequenas coisas e de viver cada dia com alegria e gratidão.

Ela sorriu, entendendo que a verdadeira magia estava dentro dela o tempo todo, esperando para ser descoberta.

"Você encontrou o que procurava?" perguntou Noite, aparecendo ao seu lado.

"Sim," respondeu Sofia, com os olhos brilhando. "Encontrei o que sempre esteve aqui, dentro de mim. E agora sei que posso encontrar magia em qualquer lugar, se eu olhar com o coração."

Noite ronronou suavemente, satisfeito. "Você aprendeu bem, Sofia. Lembre-se, o Caminho de Luz está sempre lá, esperando por você. Sempre que precisar de orientação ou inspiração, você pode segui-lo novamente."

Sofia agradeceu a Noite por sua sabedoria e companhia. E com o coração leve e cheio de esperança, ela voltou para casa, sabendo que o verdadeiro poder de sonhar estava em sua capacidade de acreditar na beleza do mundo e na força de seus próprios desejos.

E assim, Sofia continuou a viver, sempre encontrando magia e alegria ao seu redor, sabendo que o Caminho de Luz estava sempre ali, pronto para guiá-la em novas aventuras e descobertas.

The Girl, the Cat, and the Path of Light

In a small town surrounded by mountains and forests, there lived a girl named Sofia. She was a curious child, always with a book in hand and eyes full of questions. She lived with her grandmother in a cozy house, where the walls were decorated with old photos and memories of a time Sofia did not know.

Every day after school, Sofia liked to sit under a large tree in her garden and read. The tree was old and sturdy, with branches that stretched out like protective arms. It had a swing hanging from it, where Sofia often sat, gently swaying as she immersed herself in her favorite stories.

One day, while reading a book about stars and constellations, Sofia heard a soft meow. She looked up from her book and saw a cat sitting on the grass, watching her with large green eyes. It was a black cat with shiny, soft fur, and it had an expression that seemed almost human, full of wisdom and mystery.

"Hello," Sofia said, surprised by the unexpected visitor. "Where did you come from?"

The cat tilted its head and slowly approached. "I come from a place where dreams meet reality," it said, its voice soft and melodious, like the sound of a night breeze. "My name is Noite."

Sofia blinked, surprised to hear the cat speak. "You can talk?" she asked, curious.

"I can, but only to those who have open hearts and minds full of imagination," Noite replied, sitting beside her. "And I see that you are one of those people."

Sofia smiled, feeling a warm sensation in her chest. "I've always wanted to talk to animals," she confessed. "But how can you do it?"

"There is a path that few know," Noite explained, with a deep look in its eyes. "It is the Path of Light. It connects the world you know with the world of dreams and magic. It is where the deepest wishes become reality, and where we can talk to those who share the same love for the unknown."

Sofia's eyes widened with curiosity. "How can I find this path?"

Noite stood up and began to walk towards the forest, looking back to see if Sofia would follow. "I can show you," it said. "But you must be willing to follow the light and trust your heart."

Without hesitation, Sofia stood up and followed the cat towards the forest. As they walked, the trees around them seemed to grow and intertwine, creating a green tunnel that enveloped them in a sense of peace and mystery. The sunlight filtering through the leaves created patterns of light and shadow on the ground, guiding their steps.

"This is the beginning of the Path of Light," Noite explained as they walked. "With each step you take, your trust in the unknown and your faith in your dreams grow."

As they advanced, Sofia noticed that the environment around her was changing. The tall trees began to give way to a field bathed in soft, golden light. In the center of the field was a path made of shining stones, which seemed to float above the ground.

"That is the Path of Light," Noite said, pointing to the path ahead. "Only those who have courage and a pure heart can follow it. It leads to the place where dreams and reality meet."

Sofia hesitated for a moment, looking at the glowing path before her. "What will I find at the end?" she asked, feeling a little nervous but also eager.

Noite looked at her kindly. "You will find what your heart desires most," it said. "But remember, what you find at the end of the Path of Light depends on how you walk the path. If you walk with hope and love, you will find joy and fulfillment. But if you walk with fear and doubt, you will encounter challenges that need to be overcome."

Sofia took a deep breath and took the first step onto the Path of Light. The stones beneath her feet were smooth and warm, and as she advanced, she felt a sense of lightness she had never experienced before. It was as if each step brought her closer to something wonderful and magical.

Noite walked beside her, silent but present, like a guardian of her journey. As they followed the path, Sofia began to see shapes and colors dancing around her, as if the air were filled with stars that twinkled and whispered ancient secrets.

"These are the stars of dreams," Noite explained, noticing Sofia's amazed expression. "They guide those who walk with an open heart. Listen to them, and they will show you the way."

Sofia closed her eyes for a moment, focusing on the whispers around her. She heard soft voices, like a distant melody, and realized that the stars were telling stories - stories of people who had followed the Path of Light before her, who had faced challenges and found fulfillment.

"I can do this," Sofia said to herself, feeling a new determination grow inside her. "I can find what my heart desires."

She continued to walk, and with each step, the stars seemed to shine more brightly, as if celebrating her courage. The path took her through fields of luminous flowers, rivers that gleamed like liquid silver, and forests where the trees whispered words of encouragement.

Finally, after what seemed like an eternity and at the same time an instant, Sofia reached the end of the Path of Light. Before her was a portal made of pure light, pulsing with a serene and welcoming energy.

"This is the end of your journey," Noite said, stopping beside Sofia. "But it is also the beginning of something new. By crossing this portal, you will discover what your heart desires most."

Sofia looked at the portal, feeling a mix of excitement and fear. She knew she was about to discover something important, something that would change her life forever.

With one last look at Noite, who watched her with an encouraging smile, Sofia took the final step and crossed the portal.

On the other side, she found herself in a place that was both familiar and unknown. She was back in her garden, but everything seemed different. The sky was bluer, the flowers more vibrant, and the air was filled with a sense of promise and hope.

And then Sofia realized - what her heart desired most was not something tangible or distant. It was the power to see the beauty in the world around her, to find magic in small things, and to live each day with joy and gratitude.

She smiled, understanding that the true magic had been within her all along, waiting to be discovered.

"Did you find what you were looking for?" Noite asked, appearing beside her.

"Yes," Sofia replied, her eyes shining. "I found what has always been here, inside me. And now I know that I can find magic anywhere, if I look with my heart."

Noite purred softly, satisfied. "You have learned well, Sofia. Remember, the Path of Light is always there, waiting for you. Whenever you need guidance or inspiration, you can follow it again."

Sofia thanked Noite for its wisdom and companionship. And with a light heart full of hope, she returned home, knowing that the true power of dreaming lay in her ability to believe in the beauty of the world and the strength of her own desires.

And so, Sofia continued to live, always finding magic and joy around her, knowing that the Path of Light was always there, ready to guide her to new adventures and discoveries.

O Menino, o Cão e o Barco de Papel

No final de uma vila tranquila, onde as casas eram pequenas e as ruas, cheias de árvores, vivia um menino chamado Lucas. Ele tinha cabelos castanhos encaracolados, olhos curiosos e uma imaginação que não conhecia limites. Lucas passava os dias explorando o mundo ao seu redor, sempre acompanhado por seu fiel amigo, um cãozinho chamado Bolota.

Bolota era um vira-lata com pelo marrom e um coração enorme. Ele seguia Lucas em todas as suas aventuras, correndo ao seu lado e abanando o rabo com alegria. Juntos, eles formavam uma dupla inseparável, descobrindo os mistérios do mundo e criando histórias que só eles podiam entender.

Uma manhã, enquanto brincavam perto de um riacho que corria nos fundos da casa de Lucas, o menino encontrou um pedaço de papel grosso e amassado, preso entre as pedras. Curioso, ele o pegou e abriu cuidadosamente. Era uma folha velha e desbotada, mas ainda assim perfeita para algo especial.

"Vamos fazer um barco de papel, Bolota!" disse Lucas, com os olhos brilhando de entusiasmo. Bolota latiu de acordo, balançando o rabo e olhando para Lucas como se entendesse exatamente o que ele queria dizer.

Lucas começou a dobrar o papel com cuidado. Ele já havia feito barcos de papel antes, mas este era diferente. Havia algo mágico naquele pedaço de papel, algo que fazia Lucas sentir que, de alguma forma, esse barco os levaria a um lugar especial.

Com as últimas dobras feitas, Lucas ergueu o barco de papel no ar. "Aqui está, Bolota! Nosso barco de aventuras!"

O cãozinho latiu feliz, pulando em volta do menino enquanto ele colocava o barco na água do riacho. Para surpresa de Lucas, o barco não só flutuou, mas também começou a seguir o curso do riacho, movendo-se de forma graciosa como se tivesse vontade própria.

"Vamos seguir o barco!" gritou Lucas, correndo ao lado do riacho, com Bolota logo atrás.

O barco de papel navegou pelo riacho, passando por pequenas quedas d'água e contornando pedras com uma habilidade que parecia mágica. Lucas e Bolota corriam ao lado, rindo e se maravilhando com cada movimento do pequeno barco.

Depois de um tempo, o riacho se alargou, transformando-se em um pequeno lago tranquilo, cercado por árvores altas e antigas. O barco de papel flutuou até o centro do lago e, de repente, parou. Lucas, ofegante, se aproximou da margem, olhando o barco com curiosidade.

"Por que ele parou, Bolota?" perguntou Lucas, abaixando-se para olhar mais de perto. Bolota inclinou a cabeça, como se também estivesse tentando entender.

Foi então que algo incrível aconteceu. Uma suave luz dourada começou a emanar do barco de papel, iluminando a água ao redor. Lucas e Bolota ficaram imóveis, observando com os olhos arregalados enquanto a luz se intensificava, até que de dentro do barco surgiu uma pequena figura brilhante.

Era um ser minúsculo, com asas cintilantes e uma expressão amistosa. Parecia um espírito da água, delicado e encantador. Ele flutuava sobre o barco, olhando para Lucas com um sorriso gentil.

"Olá, pequeno viajante," disse a figura, com uma voz suave e melodiosa. "Obrigado por construir meu barco."

Lucas, ainda surpreso, conseguiu apenas acenar com a cabeça. "Quem é você?" perguntou ele, sua voz um sussurro de espanto.

"Eu sou o Guardião do Lago," respondeu a pequena criatura. "Este lago é um lugar especial, onde os sonhos se encontram com a realidade. Você construiu um barco com o coração puro, e por isso, foi trazido até aqui."

Bolota latiu suavemente, como se concordasse com as palavras do Guardião. Lucas, ainda um pouco atordoado, perguntou: "O que acontece agora?"

O Guardião do Lago riu suavemente. "Agora, você pode fazer um desejo, pequeno viajante. Qualquer coisa que seu coração desejar, desde que seja algo verdadeiro e bom."

Lucas pensou por um momento. Ele poderia desejar qualquer coisa. Poderia pedir por um tesouro, por aventuras sem fim, ou até mesmo por superpoderes. Mas, enquanto olhava para Bolota, que estava sentado pacientemente ao seu lado, algo mais simples e mais puro surgiu em seu coração.

"Eu desejo," começou Lucas, "que eu e Bolota possamos continuar a explorar o mundo juntos, sempre encontrando novas aventuras e fazendo novos amigos."

O Guardião sorriu, seus olhos brilhando com aprovação. "Um desejo sábio e cheio de bondade," disse ele. "Seu desejo será concedido, e o lago sempre estará aqui para você, quando precisar de um lugar para sonhar."

Com essas palavras, a luz dourada começou a desaparecer, e o Guardião se dissolveu no ar, como se fosse feito de pó de estrelas. O barco de papel, agora simples e pequeno novamente, começou a se mover pelo lago, voltando lentamente para a margem.

Lucas e Bolota observaram o barco até que ele encostou suavemente na terra. O menino pegou o barco com cuidado, sentindo uma conexão especial com ele. Ele sabia que aquele barco não era comum; era um símbolo de sua amizade com Bolota e das muitas aventuras que ainda estavam por vir.

"Vamos para casa, Bolota," disse Lucas, acariciando o pelo macio do cachorro. "Hoje foi um dia incrível."

Bolota latiu em resposta, correndo ao lado de Lucas enquanto eles voltavam para casa, o sol começando a se pôr no horizonte. O barco de papel estava seguro nas mãos de Lucas, e em seu coração, ele sentia uma paz profunda, sabendo que o mundo estava cheio de magia, pronta para ser descoberta.

Desde aquele dia, Lucas e Bolota continuaram suas aventuras, sempre com o barco de papel guardado como um amuleto de boa sorte. Eles exploraram florestas, cruzaram riachos, e até inventaram suas próprias histórias de mundos distantes e criaturas fantásticas.

E em todas as suas viagens, Lucas sabia que o Lago dos Sonhos estava esperando por eles, um lugar onde os desejos feitos com o coração se tornavam realidade. E assim, o menino e seu fiel cãozinho viveram muitas aventuras, sempre juntos, sempre encontrando novas maravilhas no mundo ao seu redor.

The Boy, the Dog, and the Paper Boat

At the edge of a quiet village, where the houses were small and the streets lined with trees, lived a boy named Lucas. He had curly brown hair, curious eyes, and an imagination with no limits. Lucas spent his days exploring the world around him, always accompanied by his loyal friend, a little dog named Bolota.

Bolota was a mutt with brown fur and a big heart. He followed Lucas on all his adventures, running alongside him and wagging his tail with joy. Together, they were an inseparable pair, discovering the mysteries of the world and creating stories only they could understand.

One morning, while playing near a stream that ran behind Lucas's house, the boy found a piece of thick, crumpled paper stuck between the stones. Curious, he picked it up and carefully unfolded it. It was an old, faded sheet of paper, but still perfect for something special.

"Let's make a paper boat, Bolota!" Lucas said, his eyes shining with excitement. Bolota barked in agreement, wagging his tail and looking at Lucas as if he knew exactly what he meant.

Lucas began folding the paper carefully. He had made paper boats before, but this one felt different. There was something magical about that piece of paper, something that made Lucas feel that, somehow, this boat would take them to a special place.

With the last folds made, Lucas held the paper boat up in the air. "Here it is, Bolota! Our adventure boat!"

The little dog barked happily, jumping around the boy as he placed the boat in the stream's water. To Lucas's surprise, the boat not only floated but also began to follow the stream's course, moving gracefully as if it had a will of its own.

"Let's follow the boat!" Lucas shouted, running alongside the stream, with Bolota close behind.

The paper boat sailed down the stream, passing over small waterfalls and winding around rocks with a skill that seemed magical. Lucas and Bolota ran alongside, laughing and marveling at each move of the little boat.

After a while, the stream widened, turning into a small, calm lake, surrounded by tall, ancient trees. The paper boat floated to the center of the lake and suddenly stopped. Lucas, breathless, approached the shore, watching the boat curiously.

"Why did it stop, Bolota?" Lucas asked, kneeling to get a closer look. Bolota tilted his head as if trying to understand.

Then something incredible happened. A soft golden light began to emanate from the paper boat, illuminating the water around it. Lucas and Bolota stood still, watching with wide eyes as the light intensified until a small, glowing figure emerged from the boat.

It was a tiny being, with shimmering wings and a friendly expression. It looked like a water spirit, delicate and enchanting. It floated above the boat, looking at Lucas with a gentle smile.

"Hello, little traveler," said the figure, in a soft, melodic voice. "Thank you for building my boat."

Lucas, still surprised, managed only to nod. "Who are you?" he asked, his voice a whisper of awe.

"I am the Guardian of the Lake," replied the little creature. "This lake is a special place where dreams meet reality. You built a boat with a pure heart, and for that, you were brought here."

Bolota barked softly as if agreeing with the Guardian's words. Lucas, still a bit dazed, asked, "What happens now?"

The Guardian of the Lake laughed softly. "Now, you can make a wish, little traveler. Anything your heart desires, as long as it is something true and good."

Lucas thought for a moment. He could wish for anything. He could ask for treasure, endless adventures, or even superpowers. But as he looked at Bolota, who was sitting patiently beside him, something simpler and purer came to his heart.

"I wish," Lucas began, "that Bolota and I can continue to explore the world together, always finding new adventures and making new friends."

The Guardian smiled, his eyes shining with approval. "A wise and kind wish," he said. "Your wish will be granted, and the lake will always be here for you when you need a place to dream."

With these words, the golden light began to fade, and the Guardian dissolved into the air, as if made of stardust. The paper boat, now simple and small again, began to move across the lake, slowly returning to the shore.

Lucas and Bolota watched the boat until it gently touched the ground. The boy carefully picked up the boat, feeling a special connection to it. He knew this boat was not ordinary; it was a symbol of his friendship with Bolota and the many adventures yet to come.

"Let's go home, Bolota," Lucas said, petting the dog's soft fur. "Today was an amazing day."

Bolota barked in response, running alongside Lucas as they headed home, the sun beginning to set on the horizon. The paper boat was safe in Lucas's hands, and in his heart, he felt a deep peace, knowing the world was full of magic, ready to be discovered.

From that day on, Lucas and Bolota continued their adventures, always keeping the paper boat as a lucky charm. They explored forests, crossed streams, and even invented their own stories of distant worlds and fantastic creatures.

And in all their journeys, Lucas knew that the Dream Lake was waiting for them, a place where wishes made with the heart became real. And so, the boy and his faithful little dog lived many adventures, always together, always finding new wonders in the world around them.

A Menina, o Coelho e a Montanha do Silêncio

Era uma vez uma menina chamada Clara, que vivia em uma pequena aldeia cercada por montanhas imponentes e florestas densas. Clara era conhecida por sua bondade e curiosidade, sempre disposta a ajudar os outros e explorar o mundo ao seu redor. Ela tinha longos cabelos castanhos que dançavam ao vento e olhos verdes que brilhavam como esmeraldas.

Todos na aldeia conheciam Clara, e todos a adoravam, mas havia algo que ninguém sabia: Clara guardava um segredo. Ela tinha um amigo especial, um coelho branco chamado Nuvem, que só ela podia ver e ouvir. Nuvem era um coelho mágico, com pelo macio como algodão e olhos que pareciam refletir o céu.

Todas as noites, quando as estrelas surgiam no céu, Clara e Nuvem saíam para caminhar pelos campos, explorando o mundo sob a luz da lua. Eles conversavam sobre tudo: sobre os sonhos de Clara, sobre as estrelas que brilhavam distantes, e sobre a montanha que se erguia ao norte da aldeia, conhecida como a Montanha do Silêncio.

A Montanha do Silêncio era um lugar misterioso e encantador. Diziam que no topo dela havia um jardim secreto, onde flores brilhavam como joias e a paz reinava absoluta. Mas ninguém na aldeia jamais tinha subido a montanha; havia algo nela que fazia as pessoas hesitarem em tentar.

Uma noite, enquanto Clara e Nuvem observavam a montanha à distância, Clara disse em voz baixa: "Nuvem, eu gostaria de subir a Montanha do Silêncio. Eu sinto que há algo importante lá, algo que preciso descobrir."

Nuvem olhou para Clara com seus olhos azuis profundos e sorriu. "A Montanha do Silêncio é um lugar de grandes revelações, Clara. Mas para subir até o topo, é preciso ter coragem, paciência e um coração puro. Você está pronta para essa jornada?"

Clara olhou para a montanha mais uma vez, sentindo um misto de excitação e medo. "Eu estou pronta, Nuvem," respondeu ela com firmeza. "Eu quero descobrir o que está lá em cima."

Na manhã seguinte, Clara se preparou para a jornada. Ela colocou em sua mochila um pouco de pão, uma garrafa de água e uma pequena manta para se aquecer. Nuvem saltitou ao seu lado, pronto para acompanhá-la.

"Vamos, Nuvem," disse Clara, dando o primeiro passo em direção à montanha. "Hoje, vamos descobrir o segredo da Montanha do Silêncio."

Eles caminharam por horas, subindo encostas íngremes e atravessando florestas densas. Clara sentia o cansaço em suas pernas, mas sua determinação era mais forte. Nuvem a encorajava, pulando alegremente ao seu lado e contando histórias antigas sobre os corajosos que haviam tentado subir a montanha antes.

À medida que subiam, Clara notou que o mundo ao seu redor começava a mudar. O ar ficava mais fresco, e o som das folhas ao vento se transformava em uma melodia suave e relaxante. As árvores se tornavam mais esparsas, dando lugar a campos de flores brilhantes e riachos cristalinos que cantavam enquanto corriam pelas pedras.

"Estamos quase lá, Clara," disse Nuvem, apontando com uma patinha para o topo da montanha, agora visível no horizonte. "O Jardim do Silêncio nos espera."

Clara sorriu, sentindo uma onda de alegria e paz inundar seu coração. Ela sabia que estava perto de algo extraordinário.

Finalmente, após o que parecia ser uma eternidade, Clara e Nuvem chegaram ao topo da Montanha do Silêncio. Diante deles estava o jardim mais belo que Clara já havia visto. Flores de todas as cores imagináveis floresciam ao redor, e o ar estava impregnado com o perfume suave de pétalas e grama molhada.

No centro do jardim havia um pequeno lago de águas cristalinas, tão calmo que refletia o céu e as montanhas ao redor como um espelho perfeito. Clara se aproximou do lago e olhou para sua superfície, esperando ver apenas seu próprio reflexo. Mas, para sua surpresa, algo mais apareceu na água.

Era uma figura, uma mulher de rosto gentil e olhos sábios, que olhava para Clara com uma expressão de amor e compreensão. "Bem-vinda, Clara," disse a mulher, sua voz suave como o vento entre as árvores. "Você encontrou o Jardim do Silêncio. Eu sou a Guardiã deste lugar."

Clara ficou maravilhada, sem saber ao certo o que dizer. "O que é este lugar?" perguntou ela, finalmente. "E por que ele é chamado de Montanha do Silêncio?"

A Guardiã sorriu, seus olhos brilhando com uma luz suave. "Este jardim é onde as almas podem encontrar paz e clareza. É onde os segredos mais profundos são revelados, e onde o verdadeiro silêncio interior pode ser alcançado. A montanha é chamada de Montanha do Silêncio porque aqui, no topo, o ruído do mundo desaparece, e o que resta é apenas a verdade do coração."

Clara olhou ao redor, sentindo a verdade nas palavras da Guardiã. Ela percebeu que, ali no jardim, todo o medo, toda a preocupação e todo o barulho interior que ela carregava haviam desaparecido. Tudo o que restava era uma sensação de paz profunda e uma compreensão de si mesma que ela nunca havia sentido antes.

"Eu trouxe você aqui, Clara, porque seu coração é puro e seu desejo de aprender é sincero," continuou a Guardiã. "Você já demonstrou coragem ao subir a montanha. Agora, há uma última coisa que você deve fazer."

"Qual é essa coisa?" perguntou Clara, intrigada.

A Guardiã apontou para o lago. "Olhe novamente para a água, Clara. Desta vez, veja além de seu reflexo. O que você vê?"

Clara se ajoelhou ao lado do lago e olhou profundamente para a água. No início, ela viu apenas seu próprio rosto refletido, mas então, como se uma névoa estivesse se dissipando, a água começou a mostrar outra imagem.

Ela viu sua aldeia, as pessoas que ela amava, os campos onde brincava quando criança. Ela viu Nuvem correndo ao seu lado, e viu a si mesma ajudando os outros, sempre com um sorriso no rosto. Mas então, a imagem mudou. Ela viu pessoas tristes, perdidas, e sentiu suas dores como se fossem suas. Ela percebeu que, embora fosse feliz, havia muito sofrimento no mundo que ela nunca havia notado antes.

Clara olhou para a Guardiã, com os olhos cheios de lágrimas. "Eu vejo tristeza, Guardiã. Vejo pessoas que precisam de ajuda, mas eu não sabia que elas estavam sofrendo."

A Guardiã assentiu. "Este é o propósito da Montanha do Silêncio, Clara. Ela revela o que está escondido, tanto em você quanto no mundo ao seu redor. Agora que você viu essas verdades, o que você fará com elas?"

Clara enxugou as lágrimas e olhou novamente para a aldeia refletida na água. "Eu quero ajudar, Guardiã. Quero usar o que aprendi aqui para ajudar os outros, para trazer um pouco de paz e alegria às pessoas que precisam."

A Guardiã sorriu, com orgulho nos olhos. "Então você está pronta, Clara. Pegue essa paz que encontrou aqui e leve-a com você. Lembre-se de que o silêncio não é a ausência de som, mas a presença de paz interior. Onde quer que você vá, leve essa paz com você e compartilhe-a com o mundo."

Clara se levantou, sentindo-se mais forte e mais resoluta do que nunca. "Eu farei isso, Guardiã. Obrigada por me mostrar o caminho."

Com um último olhar para o jardim e para a Guardiã, Clara se virou para descer a montanha, com Nuvem ao seu lado. Eles desceram juntos, mas agora, tudo parecia diferente. Clara se sentia conectada ao mundo de uma maneira nova, como se pudesse ouvir os corações das pessoas ao seu redor e entender suas dores e alegrias.

Quando Clara e Nuvem finalmente chegaram de volta à aldeia, o sol estava se pondo, pintando o céu de laranja e rosa. Clara olhou ao redor, vendo as pessoas com novos olhos. Ela via seus sorrisos, mas também as preocupações escondidas atrás deles. Ela sabia que tinha uma missão: levar a paz que encontrou no topo da Montanha do Silêncio para todos que encontrasse.

Nos dias e semanas seguintes, Clara começou a ajudar de todas as maneiras que podia. Ela ouvia as histórias das pessoas, oferecia um ombro amigo e fazia pequenas gentilezas que iluminavam os dias de quem estava ao seu redor. E, embora ninguém soubesse do segredo da Montanha do Silêncio, todos notaram uma mudança em Clara. Ela trazia consigo uma calma e uma alegria que eram contagiosas, fazendo com que todos se sentissem um pouco mais leves, um pouco mais felizes.

E assim, o tempo passou, e Clara continuou sua missão. Mas sempre que precisava de força ou inspiração, ela se lembrava da Montanha do Silêncio, do Jardim da Paz e da Guardi

ã que lhe mostrou o verdadeiro significado do silêncio. E, ao lado de seu amigo Nuvem, Clara seguiu sua vida, espalhando a paz e a alegria que encontrou no topo da montanha para todos ao seu redor.

The Girl, the Rabbit, and the Mountain of Silence

Once upon a time, there was a girl named Clara, who lived in a small village surrounded by towering mountains and dense forests. Clara was known for her kindness and curiosity, always willing to help others and explore the world around her. She had long brown hair that danced in the wind and green eyes that sparkled like emeralds.

Everyone in the village knew Clara, and everyone loved her, but there was something no one knew: Clara had a secret. She had a special friend, a white rabbit named Cloud, whom only she could see and hear. Cloud was a magical rabbit, with fur as soft as cotton and eyes that seemed to reflect the sky.

Every night, when the stars appeared in the sky, Clara and Cloud would walk through the fields, exploring the world under the moonlight. They talked about everything: Clara's dreams, the stars that shone far away, and the mountain that rose to the north of the village, known as the Mountain of Silence.

The Mountain of Silence was a mysterious and enchanting place. It was said that at its summit, there was a secret garden where flowers glowed like jewels, and peace reigned supreme. But no one in the village had ever climbed the mountain; there was something about it that made people hesitate to try.

One night, as Clara and Cloud watched the mountain from a distance, Clara said softly, "Cloud, I would like to climb the Mountain of Silence. I feel there's something important there, something I need to discover."

Cloud looked at Clara with his deep blue eyes and smiled. "The Mountain of Silence is a place of great revelations, Clara. But to reach the top, you need courage, patience, and a pure heart. Are you ready for this journey?"

Clara looked at the mountain once more, feeling a mix of excitement and fear. "I'm ready, Cloud," she replied firmly. "I want to discover what's up there."

The next morning, Clara prepared for the journey. She packed some bread, a bottle of water, and a small blanket to keep warm. Cloud hopped by her side, ready to accompany her.

"Let's go, Cloud," said Clara, taking the first step toward the mountain. "Today, we will discover the secret of the Mountain of Silence."

They walked for hours, climbing steep slopes and crossing dense forests. Clara felt the fatigue in her legs, but her determination was stronger. Cloud encouraged her, cheerfully hopping beside her and telling ancient stories about the brave ones who had attempted to climb the mountain before.

As they ascended, Clara noticed the world around her beginning to change. The air grew fresher, and the sound of the leaves in the wind turned into a soft, soothing melody. The trees became sparser, giving way to fields of bright flowers and crystal-clear streams that sang as they ran over the stones.

"We're almost there, Clara," said Cloud, pointing with a paw to the mountain's peak, now visible on the horizon. "The Garden of Silence awaits us."

Clara smiled, feeling a wave of joy and peace wash over her heart. She knew she was close to something extraordinary.

Finally, after what seemed like an eternity, Clara and Cloud reached the top of the Mountain of Silence. Before them lay the most beautiful garden Clara had ever seen. Flowers of every imaginable color bloomed around them, and the air was filled with the soft scent of petals and wet grass.

In the center of the garden was a small lake with crystal-clear waters, so calm that it reflected the sky and the surrounding mountains like a perfect mirror. Clara approached the lake and looked at its surface, expecting to see only her reflection. But to her surprise, something else appeared in the water.

It was a figure, a woman with a gentle face and wise eyes, who looked at Clara with an expression of love and understanding. "Welcome, Clara," said the woman, her voice as soft as the wind through the trees. "You have found the Garden of Silence. I am the Guardian of this place."

Clara was amazed, unsure of what to say. "What is this place?" she finally asked. "And why is it called the Mountain of Silence?"

The Guardian smiled, her eyes shining with a soft light. "This garden is where souls can find peace and clarity. It's where the deepest secrets are revealed and where true inner silence can be achieved. The mountain is called the Mountain of Silence because here, at the top, the noise of the world fades away, and all that remains is the truth of the heart."

Clara looked around, feeling the truth in the Guardian's words. She realized that in this garden, all the fear, all the worry, and all the inner noise she had carried with her had vanished. All that was left was a deep sense of peace and an understanding of herself that she had never felt before.

"I brought you here, Clara, because your heart is pure, and your desire to learn is sincere," the Guardian continued. "You have already shown courage by climbing the mountain. Now, there is one last thing you must do."

"What is that?" Clara asked, intrigued.

The Guardian pointed to the lake. "Look at the water again, Clara. This time, see beyond your reflection. What do you see?"

Clara knelt by the lake and gazed deeply into the water. At first, she saw only her own face reflected, but then, as if a mist was lifting, the water began to show another image.

She saw her village, the people she loved, and the fields where she played as a child. She saw Cloud running beside her, and she saw herself helping others, always with a smile on her face. But then the image changed. She saw sad, lost people, and she felt their pain as if it were her own. She realized that, although she was happy, there was much suffering in the world that she had never noticed before.

Clara looked at the Guardian, her eyes filled with tears. "I see sadness, Guardian. I see people who need help, but I didn't know they were suffering."

The Guardian nodded. "This is the purpose of the Mountain of Silence, Clara. It reveals what is hidden, both in you and in the world around you. Now that you have seen these truths, what will you do with them?"

Clara wiped her tears and looked again at the village reflected in the water. "I want to help, Guardian. I want to use what I've learned here to help others, to bring some peace and joy to those who need it."

The Guardian smiled, pride in her eyes. "Then you are ready, Clara. Take the peace you have found here and carry it with you. Remember that silence is not the absence of sound, but the presence of inner peace. Wherever you go, carry this peace with you and share it with the world."

Clara stood up, feeling stronger and more determined than ever. "I will do that, Guardian. Thank you for showing me the way."

With one last look at the garden and the Guardian, Clara turned to descend the mountain, with Cloud by her side. They descended together, but now, everything seemed different. Clara felt connected to the world in a new way, as if she could hear the hearts of those around her and understand their pains and joys.

When Clara and Cloud finally returned to the village, the sun was setting, painting the sky in shades of orange and pink. Clara looked around, seeing the people with new eyes. She saw their smiles, but also the worries hidden behind them. She knew she had a mission: to bring the peace she had found at the top of the Mountain of Silence to everyone she met.

In the days and weeks that followed, Clara began to help in every way she could. She listened to people's stories, offered a friendly shoulder, and performed small acts of kindness that brightened the days of those around her. And although no one knew the secret of the Mountain of Silence, everyone noticed a change in Clara. She carried with her a calm and joy that were contagious, making everyone feel a little lighter, a little happier.

And so, time passed, and Clara continued her mission. But whenever she needed strength or inspiration, she remembered the Mountain of Silence, the Garden of Peace, and the Guardian who showed her the true meaning of silence. And, alongside her friend Cloud, Clara lived her life, spreading the peace and joy she found at the top of the mountain to everyone around her.

A Árvore dos Segredos

Em uma pequena vila, cercada por campos verdes e colinas suaves, vivia um menino chamado Gabriel. Ele era um garoto curioso, com olhos brilhantes e um coração cheio de perguntas. Gabriel sempre estava à procura de aventuras, e seu melhor amigo era um cachorro marrom e peludo chamado Pipoca. Juntos, eles exploravam os campos, subiam em árvores e inventavam histórias sobre reinos distantes e criaturas mágicas.

Mas havia uma coisa que sempre intrigava Gabriel: uma árvore antiga e imponente que ficava no meio do campo mais distante da vila. A árvore era conhecida como a Árvore dos Segredos, porque diziam que ela guardava os segredos mais profundos daqueles que se aproximavam dela. Ninguém sabia como a árvore fazia isso, mas todos na vila respeitavam e temiam sua presença. Poucas pessoas se aproximavam, e aqueles que o faziam, saíam de lá em silêncio, como se algo dentro deles tivesse mudado.

Certa manhã, Gabriel acordou com uma sensação de que precisava visitar a Árvore dos Segredos. Ele não sabia exatamente o porquê, mas algo em seu coração o chamava para lá. Ele decidiu seguir esse impulso e, com Pipoca ao seu lado, partiu em direção ao campo distante.

Quando chegaram ao pé da árvore, Gabriel olhou para cima, maravilhado com a grandiosidade dela. Os galhos se estendiam como braços protetores, e as folhas dançavam suavemente ao vento. Pipoca farejou o chão ao redor, mas logo se sentou ao lado de Gabriel, como se soubesse que algo importante estava prestes a acontecer.

Gabriel se aproximou do tronco da árvore e colocou sua mão nele. A casca era áspera, mas de alguma forma reconfortante. Ele fechou os olhos e, em um sussurro, fez uma pergunta que guardava em seu coração há muito tempo: "O que é o segredo da felicidade?"

Por um momento, tudo ficou em silêncio. O vento parou de soprar, e o mundo ao redor parecia ter congelado. Então, de repente, Gabriel sentiu um calor suave emanando da árvore. Ele abriu os olhos e viu que uma pequena luz dourada se formava no tronco, logo acima de onde sua mão estava. A luz começou a crescer, espalhando-se pelos galhos da árvore até que todo o campo fosse banhado em um brilho suave e dourado.

Gabriel e Pipoca observavam, maravilhados, enquanto a luz tomava forma e se transformava em uma figura. Era uma figura delicada, quase etérea, como se fosse feita de luz do sol e brisa. Ela tinha a aparência de uma jovem mulher, com olhos que brilhavam como estrelas e um sorriso gentil.

"Bem-vindo, Gabriel," disse a figura em uma voz que parecia uma melodia suave. "Você encontrou a Árvore dos Segredos, e ela lhe mostrará o que você procura."

Gabriel, ainda surpreso, apenas conseguiu acenar com a cabeça. "Quem é você?" perguntou ele, a voz cheia de admiração.

"Eu sou o Espírito da Árvore," respondeu a figura. "Esta árvore é antiga e sábia, e eu sou sua guardiã. Ela guarda os segredos daqueles que vêm até ela em busca de respostas."

Gabriel olhou para a figura com curiosidade. "Eu perguntei sobre o segredo da felicidade. Você pode me dizer o que é?"

O Espírito da Árvore sorriu, e seus olhos brilharam com ternura. "A felicidade, Gabriel, é um segredo que está dentro de cada um de nós. Mas é um segredo que não pode ser descoberto sozinho. A felicidade é como as raízes desta árvore. Ela cresce e se fortalece quando está conectada aos outros."

Gabriel franziu a testa, tentando entender. "Conectada aos outros? Como assim?"

A figura estendeu a mão e tocou levemente o ombro de Gabriel. "A felicidade verdadeira vem do amor e da amizade, de compartilhar momentos e de cuidar uns dos outros. Quando você se preocupa com os outros, quando faz algo gentil sem esperar nada em troca, você alimenta as raízes da felicidade. E quanto mais você dá, mais sua própria felicidade cresce."

Gabriel ficou em silêncio, refletindo sobre as palavras do Espírito. Ele pensou em Pipoca, sempre ao seu lado, fiel e amoroso. Pensou em sua família, em como seus pais sempre cuidavam dele, e em seus amigos, com quem ele compartilhava risadas e aventuras. Ele percebeu que esses momentos, essas conexões, eram as coisas que mais o faziam feliz.

"Então, o segredo da felicidade é cuidar dos outros?" perguntou Gabriel, ainda pensativo.

"Sim," respondeu o Espírito da Árvore, sorrindo com doçura. "Cuidar dos outros, estar presente, e ser grato pelas pequenas coisas da vida. A felicidade não é algo que você encontra em um só lugar ou momento. Ela é construída a cada dia, em cada pequeno gesto de bondade e em cada sorriso que você dá e recebe."

Gabriel sentiu uma onda de calor em seu coração. Ele olhou para Pipoca, que abanava o rabo alegremente, e sorriu. Ele compreendeu que a felicidade estava em coisas simples, nas amizades, nas pequenas gentilezas, e em tudo o que fazia com amor.

"Obrigado," disse Gabriel ao Espírito da Árvore. "Eu entendo agora. Vou me lembrar disso todos os dias."

O Espírito da Árvore inclinou a cabeça, satisfeita. "Lembre-se, Gabriel, que você sempre pode voltar à Árvore dos Segredos, mas o verdadeiro segredo está dentro de você. Nunca se esqueça de alimentar as raízes da felicidade em seu coração."

Com essas palavras, a luz dourada começou a se dissipar, e o Espírito da Árvore desapareceu suavemente no ar. A árvore voltou ao seu estado original, mas agora, Gabriel a via de maneira diferente. Ele sabia que havia recebido uma sabedoria profunda, algo que carregaria consigo para sempre.

Gabriel e Pipoca começaram a caminhar de volta para casa, mas o campo ao redor parecia mais brilhante, mais cheio de vida. A brisa soprou suavemente, e o som das folhas balançando era como uma canção alegre. Gabriel sentiu uma paz interior que nunca havia experimentado antes.

Nos dias que se seguiram, Gabriel começou a colocar em prática o que aprendera. Ele se esforçou para ser mais gentil, para ajudar seus amigos e família, e para valorizar os pequenos momentos de alegria. Ele e Pipoca continuaram a explorar os campos, mas agora, cada nova descoberta era um motivo de celebração, e cada sorriso que ele via era um tesouro.

A Árvore dos Segredos permaneceu no campo distante, mas Gabriel sabia que não precisava mais perguntar nada a ela. Ele havia encontrado o segredo que buscava, e esse segredo o guiaria por toda a vida.

E assim, Gabriel cresceu, mas nunca esqueceu as lições que aprendeu com a Árvore dos Segredos. Ele se tornou um homem que espalhava alegria e bondade por onde passava, e sua felicidade cresceu, enraizada nas profundas conexões que ele formava com os outros.

The Tree of Secrets

In a small village surrounded by green fields and gentle hills, lived a boy named Gabriel. He was a curious child, with bright eyes and a heart full of questions. Gabriel was always searching for adventures, and his best friend was a brown, fluffy dog named Popcorn. Together, they explored the fields, climbed trees, and made up stories about distant kingdoms and magical creatures.

But there was one thing that always intrigued Gabriel: an ancient, imposing tree that stood in the middle of the farthest field from the village. The tree was known as the Tree of Secrets because it was said to hold the deepest secrets of those who came near it. No one knew how the tree did this, but everyone in the village respected and feared its presence. Few people approached it, and those who did left in silence, as if something within them had changed.

One morning, Gabriel woke up with a feeling that he needed to visit the Tree of Secrets. He didn't know exactly why, but something in his heart called him there. He decided to follow this impulse, and with Popcorn by his side, he set off toward the distant field.

When they reached the base of the tree, Gabriel looked up, amazed at its grandeur. The branches stretched out like protective arms, and the leaves danced gently in the wind. Popcorn sniffed the ground around the tree, but soon sat next to Gabriel as if knowing that something important was about to happen.

Gabriel approached the tree's trunk and placed his hand on it. The bark was rough but somehow comforting. He closed his eyes and, in a whisper, asked a question that he had held in his heart for a long time: "What is the secret of happiness?"

For a moment, everything was silent. The wind stopped blowing, and the world around him seemed to freeze. Then, suddenly, Gabriel felt a gentle warmth emanating from the tree. He opened his eyes and saw a small golden light forming in the trunk, just above where his hand was. The light began to grow, spreading through the branches of the tree until the entire field was bathed in a soft, golden glow.

Gabriel and Popcorn watched, amazed, as the light took shape and transformed into a figure. It was a delicate, almost ethereal figure, as if made of sunlight and breeze. It had the appearance of a young woman, with eyes that sparkled like stars and a gentle smile.

"Welcome, Gabriel," said the figure in a voice that sounded like a soft melody. "You have found the Tree of Secrets, and it will show you what you seek."

Gabriel, still surprised, could only nod. "Who are you?" he asked, his voice full of wonder.

"I am the Spirit of the Tree," the figure replied. "This tree is ancient and wise, and I am its guardian. It holds the secrets of those who come to it seeking answers."

Gabriel looked at the figure with curiosity. "I asked about the secret of happiness. Can you tell me what it is?"

The Spirit of the Tree smiled, and her eyes shone with kindness. "Happiness, Gabriel, is a secret that lies within each of us. But it is a secret that cannot be discovered alone. Happiness is like the roots of this tree. It grows and strengthens when it is connected to others."

Gabriel frowned, trying to understand. "Connected to others? What do you mean?"

The figure reached out and lightly touched Gabriel's shoulder. "True happiness comes from love and friendship, from sharing moments and caring for one another. When you care for others, when you do something kind without expecting anything in return, you nourish the roots of happiness. And the more you give, the more your own happiness grows."

Gabriel was silent, reflecting on the Spirit's words. He thought of Popcorn, always by his side, loyal and loving. He thought of his family, how his parents always took care of him, and his friends, with whom he shared laughs and adventures. He realized that these moments, these connections, were the things that made him happiest.

"So, the secret of happiness is taking care of others?" Gabriel asked, still thoughtful.

"Yes," replied the Spirit of the Tree, smiling sweetly. "Taking care of others, being present, and being grateful for the little things in life. Happiness is not something you find in just one place or moment. It is built every day, in every small act of kindness and in every smile you give and receive."

Gabriel felt a wave of warmth in his heart. He looked at Popcorn, who wagged his tail happily, and smiled. He understood that happiness was in simple things, in friendships, in small kindnesses, and in everything he did with love.

"Thank you," Gabriel said to the Spirit of the Tree. "I understand now. I will remember this every day."

The Spirit of the Tree nodded, satisfied. "Remember, Gabriel, that you can always return to the Tree of Secrets, but the true secret lies within you. Never forget to nourish the roots of happiness in your heart."

With those words, the golden light began to fade, and the Spirit of the Tree gently disappeared into the air. The tree returned to its original state, but now Gabriel saw it differently. He knew that he had received deep wisdom, something he would carry with him forever.

Gabriel and Popcorn began to walk back home, but the field around them seemed brighter, more full of life. The breeze blew softly, and the sound of the rustling leaves was like a joyful song. Gabriel felt an inner peace he had never experienced before.

In the days that followed, Gabriel began to put into practice what he had learned. He made an effort to be kinder, to help his friends and family, and to appreciate the small moments of joy. He and Popcorn continued to explore the fields, but now, every new discovery was a reason for celebration, and every smile he saw was a treasure.

The Tree of Secrets remained in the distant field, but Gabriel knew he didn't need to ask it anything more. He had found the secret he sought, and that secret would guide him throughout his life.

And so, Gabriel grew up, but he never forgot the lessons he learned from the Tree of Secrets. He became a man who spread joy and kindness wherever he went, and his happiness grew, rooted in the deep connections he formed with others.

9 798227 343871